KB185109

내가 틀릴 수도 있습니다

108일
내 안의 나침반을 발견하는
필사의 시간

내가 틀릴 수도 있습니다

108일
내 안의 나침반을 발견하는
필사의 시간

비욘 나티코 린데블라드 외 지음
박미경 옮김

다산
초당

"이 글이 당신 안에서 무엇을 부르는지 알아차리길 바란다.
우리의 매사 서두르는 세계에서 자꾸만 잊게 되는
그 고요한 존재를 느껴보기 바란다."

아디야산티(영적 스승)

일러두기

○ 이 책은 비욘 나티코 린데블라드의 『내가 틀릴 수도 있습니다』(다산초당, 2022)에 수록된 글을
　발췌해 필사에 적합하도록 편집한 책입니다. 문구 중 일부는 맥락 전달을 고려해 편집되었습니다.

○ 차례는 원저의 순서를 따르지 않았으며 저자의 가르침이 오래 기억될 수 있도록 구성되었습니다.

○ 각 문구가 발췌된 꼭지 제목을 하단에 표시했습니다.

○ 6일 필사 후 하루 쉬며 18주간 108개의 가르침을 쓸 수 있도록 구성되었습니다. 그 순서를 따르지
　않고 그날 마음에 와닿는 문구를 찾아 필사를 하는 것 또한 좋습니다.

그의 말을 가슴에 옮겨 적습니다

도종환(시인, 전 문화체육부 장관)

비욘 나티코 린데블라드의 원고를 처음 읽었을 때 내 인생의 큰 가르침을 주는 책을 만났다는 생각을 했습니다. 많은 부분에 밑줄을 긋게 하는 책, 밑줄 그은 많은 문장들을 공책 가득 옮겨 적게 만드는 책이었습니다. 좋은 대학을 나와 좋은 직장에 취직했으나 어느 날 문득 모든 것을 버리고 떠나, 태국 숲속 사원에서 17년간 승려로 살았던 스웨덴 젊은이의 삶을 이야기하는 책이었습니다. 득도했음을 자처하기보다 수행자로서 자신의 부족함과 시행착오를 소탈하게 털어놓는 그의 진솔하고 유쾌한 이야기는 제게 예상치 못했던 기쁨과 감동을 안겨주었습니다. 그러나 갖은 고행 끝에 평화로운 인간으로 돌아온 그를 기다리는 것은 더 큰 시련이었습니다.

비가 내리던 어느 날 비욘 나티코 린데블라드는 근위축성경화증. 이른바 루게릭병이라는 진단을 받습니다. 그의 말대로 최악의 시나리오가 그 앞에 던져진 것입니다. 자기나 가족의 생이 시한부 삶으로 끝나게 된다는 충격적인 사실을 접하게 되면 인간의 감정은 다섯 가지 단계를 거치게 된다고 엘리자베스 퀴블러로스는 말합니다. 부정, 분노, 타협, 절망, 수용이 그것입니다. 그럴 리 없다고 부정하거나, 누구 때문이라거나 무엇 때문에 이렇게 되었다고 원망하며 분노를 쏟아낸다는 겁니다. 그러다 한 번만 더 기회를 달라고 신과의 타협을 시도하고, 안 되면 모든 관계를 끊고 절망의 깊은 나락에 빠지는 길을 택해 좌절하다가 결국 마지막에는 수용하게 된다는 게 죽음을 앞둔 사람들을 오래 돌보며 호스피스 병동을 운영한 엘리자베스 퀴블러로스의 진단입니다.

나티코도 "절망과 충격에 오장육부가 갈가리 찢기는 것 같았고, 목 놓아 울고 싶었다"고 했습니다. 슬픔이 드높은 파도처럼 다가오기 시작했고, 엘리사베트의 품에 안겨 며칠 동안을 서로 번갈아 울었다고 했습니다. 그러나 그 현실에 분노하지 않았습니다. 부정하지 않았고, 타협하면서 신에게 매달리지도 않았습니다. 그는 아주 아주 슬펐지만 담담하게 새로운 현실을 조심스럽게 열린 눈으로 마주했습니다. 그러면서 그의 안에서 말을 걸어오는 현명하고 직관적인 목소리를 듣습니다.

지금까지 내가 진실하게 살 수 있도록 격려해 줘서 고마워. 내 안의 아름다운 측면을 발휘할 기회를 제공해 준 것도 정말 고마워.

죽음이 일찍 올 것이라는 말을 들은 뒤에 자기 안에서 들은 말이 이 말입니다. 고맙다는 말. 이게 가능할까요? "지금까지 내가 진실하게 살 수 있도록 격려해 줘서 고마워" "내 안의 아름다운 측면을 발휘할 기회를 제공해 준 것도 고마워" 시한부 삶을 살게 되었다는 말을 듣고 이렇게 말할 수 있을까요. 죽음을 앞에 놓고 있지만 "지금까지 진실하게 살 수 있도록 해 줘서 고마워"라고 말할 수 있을까요. 어려울 겁니다. 그러나 나는 이 글을 읽고 난 뒤 그래야겠다는 생각이 들었습니다. 그렇게 진실하게 살아야 하고, 이승에서의 삶을 마무리해야 할 때 그렇게 말할 수 있도록 아름답게 살아야겠다는 생각을 했습니다.

나티코는 17년 동안 고행을 하면서 "내가 틀릴 수도 있다는 걸 깨달았다"고 합니다. "우리 마음속에 떠오르는 온갖 생각을 무조건 믿지 않으면 자기 내면에 참된 친구이자 소중한 동반자를 얻게 된다"고 말합니다. 자기 내면에 있는 참된 동반자, 진아眞我, 참나, 그것은 불성이면서 '내 안의 깊은 주체성deepest subjectivity'입니다. 이걸 지닌 사람이라 죽음을 앞에 두고 고맙다고 말할 수 있는 겁니다. 내 안에는 아름다운 측면도 있고 아름답지 않은 측면도 있습니다. 선한 것도 있고 사악한 것도 있습니다. 그러나 그중에서 아름다운 것을 많이 드러내며 살라고 종교는 가르칩니다. 그것이 몸에 배어 나타나거나 습관이 되어 있는 사람을 아름다운 사람이라고 합니다. 아름답게 생각하고, 말하고, 행동하는 게 몸에 배어 있는 사람을 수행이 깊은 사람이라고 하는 겁니다. 그는 말합니다.

내가 바랐던 때보다 훨씬 일찍 마지막 숨을 거둘 날이 올 것 같아. 차분히 생각해 보니 용서받지 못할 일이나 깊이 후회할 일, 바로잡지 못할 일을 저지르진 않았어. 내 어깨를 짓누를 만큼 묵직한 업을 짓지는 않았어. 그래서 때가 오면, 이 필멸의 고리를 벗어던질 때가 오면, 그동안 바르게 살았음을 알기에 난 환한 얼굴로 죽음을 맞이할 수 있을 거야.

와 정말 멋진 모험이었어! 내가 이렇게 많은 경험을 할 줄 누가 생각이나 했겠어? 한 생애에 세 사람의 삶을 살아낸 것 같아. 어떻게 항상 나보다 더 마음이 넓고 현명한 사람들과 어울릴 수 있었을까? 그간에 저질렀던 온갖 경솔하고 때로는 위험하기까지 했던 일들을 생각하면, 어떻게 상황이 더 자주 나한테 나쁘게 끝나지 않았을까? 도대체 왜 이렇게나 많은 사람이 이렇게나 나를 좋아할까? 내가 별다른 계획을 세우지도 않았는데도 어떻게 일이 이토록 잘 될 수 있을까?

그는 슬픔은 있지만 분노는 거의 없다고 말합니다. 질병에 분노하지 않았고 신이나 운명에도 분노하지 않았습니다. 어떻게든 평범한 일상을 지키기로 했고, 질병에 휘둘리고 싶지 않다고 했습니다. 이런 상황에서는 자기 자신을 피해자로 인식하고 자기 정체성을 곧 '병자'로 바라보게 되기 쉬운데 그는 그 함정에 빠지지 않으려고 특히 조심했습니다. 육신은 우리가 착용하게 되는 우주복과 같은 건데 자기가 받은 우주복은 다른 사람들 것만큼 성능이 좋지 않아서 좀 더 빨리 닳은 모양이라고 생각하며 죽음을 받아들입니다. 오랜 세월을 함께해 준 자기 몸에게 고맙다고 말합니다.

삶은 어느 날 갑자기 끝날 겁니다. 인생은 짧습니다. 우리가 그 점을 진정으로 이해할 때, 우리가 서로 상대를 자기 뜻대로 하려는 것을 멈출 때, 지금 누리는 것들을 당연하게 여기지 않을 때, 우리는 삶을 다르게 헤쳐 나갈 수 있다고 그는 말합니다.

존재는 공명합니다. 우주는 우리가 하는 말과 행동 이면의 의도에 반응합니다. 우리가 내보낸 것은 결국 우리에게 돌아옵니다. 세상은 세상 그 자체의 모습으로서 존재하지 않지요. 세상은 우리의 모습으로서 존재합니다. 그러니 그 안에서 보고 싶은 모습이 있다면 우리가 그런 존재가 되어야 합니다.

그가 남긴 이 말을 나는 내 수첩에 연필로 옮겨 적었습니다. 가슴에도 옮겨 적습니다. 오래오래 큰 가르침이 되어 남아 있을 겁니다.

가장 소중한 것 단 한 가지

사원을 떠나 환속하고 나서 스웨덴으로 돌아온 뒤, 한 신문사와 인터뷰를 했습니다. 그들은 제 남다른 인생 여정을 자세히 알고 싶어 하더군요. 특히 왜 출세 가도를 달리던 삶을 버리고, 머리를 깎고 밀림으로 들어가 낯선 사람들과 지냈는지 궁금해했습니다. 대화를 나누다가 기자가 핵심을 찌르는 질문을 하나 던졌습니다.

"17년 동안 승려로 살면서 배운 가장 중요한 가르침은 무엇입니까?"

갑작스러운 질문에 당황해서 선뜻 대답하지 못했습니다. 무슨 말이든 해야 했지만, 이 질문에는 서둘러서 답변하고 싶지 않았지요.

제 맞은편에 앉은 기자는 인생의 영적인 면에 큰 관심이 있는 사람처럼 보이진 않았습니다. 제가 승려로 살면서 포기했던 것을 다 알려주면 충격받을 게 뻔했지요. 수행하는 동안 저는 돈 한 푼 쓰지 않았고 성교나 자위도 하지 않았으며 텔레비전이나 소설책을 접하지도 않았습니다. 술을 마시지 않았고 가족도 멀리했으며 휴일도 없었고 현대 문명의 이기를 누리지도 않았지요. 새벽 3시에 일어났고 하루 한 끼 주어진 음식을 주어진 만큼 먹으며 지냈습니다.

17년 동안.

자발적으로.

그렇게 해서 제가 무엇을 얻었을까요?

저는 대충 둘러대고 싶지 않았습니다. 제가 본 것을 곧이곧대로 전하고 싶었습니다. 그래서 잠시 말을 멈추고 제 내면을 깊숙이 들여다보았습니다. 얼마 지나지 않아 제 안에서 답변이 저절로 떠올랐습니다.

> 17년 동안 깨달음을 얻고자 수행에 매진한 결과,
> 머릿속에 떠오른 생각을 다 믿지는 않게 되었습니다.
> 그게 제가 얻은 초능력입니다.

누구에게나 있는 초능력이지요. 당연히 여러분에게도 있어요. 혹시라도 그 능력을 잃어버렸다면, 다시 찾아내도록 제가 이끌어줄 수 있습니다.

저는 영적으로 또 개인적으로 성장하고자 오랫동안 부단히 노력했습니다. 그 과정에서 배운 것을 함께 나눌 기회가 참 많았다는 점에서 저는 진정으로 복 받은 사람입니다. 그런 기회가 주어질 때마다 깊은 의미를 발견하곤 했습니다. 제게 주어진 많은 기회가 삶을 더 순조롭게, 저답게 살아갈 수 있도록 도와주었습니다. 바라건대 이 책이 여러분으로 하여금 삶을 더 순조롭게, 자기답게 살아갈 수 있게 도와주었으면 합니다. 이 책에 담긴 지혜 중 몇 가지는 제 삶의 중추였습니다. 생각보다 일찍 죽을 날을 받아 든 지난 몇 년간은 더욱 그러했지요. 여기가 모든 것이 끝나는 곳이 될 것입니다. 아니, 어쩌면 시작하는 곳이 될 수도 있고요.

토마스 산체스, 「물가의 방랑자」

차례

추천의 글 그의 말을 가슴에 옮겨 적습니다 — 7

프롤로그 가장 소중한 것 단 한 가지 — 12

Week 1 ———— 여기가 모든 것이 시작하는 곳입니다

1 이 세상에 온 것을 환영해 — 24

2 우리에게 불가능한 것 — 26

3 우리 머릿속의 원숭이들 — 28

4 가벼울 때 내가 될 수 있다 — 30

5 원래 그만큼 가치 있는 것 — 32

6 칼을 쓰는 법 — 34

Week 2 ———— 왜 계획대로 되어야 한다고 생각합니까

7 확신이 나를 해칠 때 — 40

8 왜 계획대로 되어야 한다고 생각합니까 — 42

9 나를 더 잘 이해하는 방법 — 44

10 하찮은 것과 귀한 것 — 46

11 필요한 아픔 — 48

12 현명함의 신호 — 50

Week 3 ———— 내가 나로 살아가기 위하여

13 내 안의 나침반 — 56

14 조심스레 한 발짝 멀어지다 — 58

15 당신의 평가와 판단으로 — 60

16 밖에서 보기 좋은 것 — 62

17 부족해서 괴로운 것이 아니다 — 64

18 순리를 믿는 습관 — 66

Week 4 _____ 세상이 마땅히 그래야 하는 모습

19 이로운 존재가 되고 싶습니다 — 72

20 신은 믿되 낙타는 묶어두라 — 74

21 나를 위해 그렇게 산다 — 76

22 진정 자유로운 삶 — 78

23 나를 외롭게 만드는 생각 — 80

24 제자리를 찾는 길 — 82

Week 5 _____ 내 할 일은 오로지 하나

25 몸으로 마음을 가르치기 — 88

26 내 할 일은 오로지 하나 — 90

27 괜찮아, 난 놓아버릴 거니까 — 92

28 심각하지 않은 사람들의 기쁨 — 94

29 고백의 가치 — 96

30 인생에 중요한 것 네 가지 — 98

Week 6 _____ 마음은 혼자서 자라지 않는다

31 지금 우리가 가장 키워야 할 능력 — 104

32 나 자신이 좀 더 견디기 쉬운 사람 — 106

33 우리에게 가장 해로운 것들 — 108

34 일의 끝에서 무엇을 느끼는가 — 110

35 그 고통은 내가 불러들인 것이다 — 112

36 가장 암울한 감옥 — 114

Week 7 ———————— 지금, 여기서 내게 해줄 수 있는 일

37 영혼이 도약하는 순간 — 120
38 서로의 존재가 위안이 되는 관계 — 122
39 부딪힐 때 반짝이는 것들 — 124
40 우리가 과거와 미래라고 부르는 것 — 126
41 지금 여기서 내게 해줄 수 있는 일 — 128
42 청하지 않은 것 — 130

Week 8 ———————— 세상을 믿는 연습

43 세상을 믿는 동작 — 136
44 삶을 알아차리다 — 138
45 번뇌는 없애는 것이 아니라 멀어지는 것 — 140
46 고요를 연습하는 의미 — 142
47 어울려 살아야 하는 존재 — 144
48 내가 사는 그 모습으로 — 146

Week 9 ———————— 내가 더 행복해지는 방향으로

49 옥죄며 살 것입니까 포용하며 살 것입니까 — 152
50 당신이 절대 찾지 않을 곳 — 154
51 사람들을 내 뜻대로 움직이는 법 — 156
52 맨손으로 물살을 막으려는 사람 — 158
53 내가 더 행복해지는 방향으로 — 160
54 특별히 멋진 생각 하나 — 162

Week 10 ———————— 이 세상에 온 것을 환영해

55 성공과 행복은 다른 것입니다 — 168
56 우리 안에서 찾으면 더 좋지요 — 170

57 내면의 참된 친구 — 172

58 알아도 여전히 아프다 — 174

59 그 화는 아무것도 차지하지 못하지요 — 176

60 마지막까지 속일 수 없는 한 사람 — 178

Week 11　　　　　**지금이 바로 그 시간입니다**

61 누가 아는가 — 184

62 꾸짖는 대신 주목하기 — 186

63 나쁘고도 좋은 소식 — 188

64 다른 사람들과 함께하는 일은 무한한 보상이 된다 — 190

65 지금이 바로 그 시간입니다 — 192

66 잘했더라도 혹은 그러지 못했더라도 — 194

Week 12　　　　　**내게 주어진 초능력**

67 지능 아닌 지성 — 200

68 여름날 아침 풀밭에 맺힌 이슬처럼 — 202

69 누군가를 미워한다는 것은 그 사람을 계속 생각한다는 뜻이다 — 204

70 내 마음의 문지기 — 206

71 디저트를 아무리 많이 먹어도 배가 차지 않는 이유 — 208

72 원하는 것과 필요한 것 — 210

Week 13　　　　　**부끄럽더라도 부족하더라도**

73 말을 거둬야 하는 순간 — 216

74 진흙탕과 샘물 — 218

75 가혹하고 훌륭한 스승 — 220

76 내가 모르는 이야기 — 222

77 태어남도 죽음도 없습니다 — 224

78 평생 가는 단 하나의 관계 — 226

Week 14   쥐려고 하면 놓치게 되지요

79   내가 당신을 좋아하지 않더라도 괜찮습니다 — 232

80   왜 나를 용서하지 못하는가 — 234

81   당신이 알아야 할 것 — 236

82   내 인생이라 불리는 짐 — 238

83   망가진 채로 가라 — 240

84   나의 오랜 친구 나의 몸에게 — 242

Week 15   가장 좋은 일은 계획할 수 없습니다

85   펼친 손에 채워지는 것 — 248

86   질책의 효과 — 250

87   안다고 생각하는 사람의 한계 — 252

88   삶에서 가장 좋은 일은 계획할 수 없다 — 254

89   표류하는 배처럼 외로워도 — 256

90   모든 것이 여기에서 시작된다 — 258

Week 16   고통에 삶을 빼앗기지 않으려면

91   기댈 것이라곤 믿음뿐 — 264

92   아픔을 어떻게 바라볼 것인가 — 266

93   몸에게 보내는 약속 — 268

94   옳다는 것이 핵심이 아니다 — 270

95   나는 여전히 여기 있습니다 — 272

96   삶을 다 바쳐 이해할 만한 진실 — 274

Week 17   저 고비 너머에서 기다리고 있는 것

97   예상할 수 있는 길과 그렇지 않은 길 — 280

98   들판에서 당신을 기다립니다 — 282

99 절망을 거두면 싹트는 것 — 284

100 재한테는 큰 차이가 있죠 — 286

101 죽음의 반대말 — 288

102 내 눈을 통해 내다보는 자 — 290

Week 18 ──────── **깨달은 사람이 사는 방식**

103 모든 생각의 알맹이 — 296

104 환한 얼굴로 인사해 — 298

105 내 마음에 무엇이 머물게 할 것인가 — 300

106 진실을 온몸으로 이해하면 — 302

107 열린 손바닥과 같이 — 304

108 세상을 살아가기에도 세상을 떠나기에도 — 306

Week 1

여기가 모든 것이
시작하는 곳입니다

I

이 세상에 온 것을 환영해

여덟 살 때였습니다. 평소처럼 제일 먼저 일어난 뒤 창문을 바라보던 저는 우뚝 멈췄습니다. 제 안에서 들끓던 온갖 소음이 순식간에 가라앉았습니다. 사방이 고요해졌습니다. 아침 햇살을 받아 모든 게 아른아른 빛나는 것 같았습니다. 연푸른 하늘에서 솜털 구름 한 쌍이 미소를 지었습니다. 창밖에 우뚝 솟은 자작나무가 반짝이는 이파리를 흔들었습니다. 어디를 봐도 눈부시게 아름다웠습니다. 마치 온 세상이 제게 '집에 온 걸 환영해'라고 속삭이는 듯했습니다.

이 행성에서 난생처음으로 마음이 더할 수 없이 편안했습니다. 아무 생각 없이 지금 여기에 온전히 존재하고 있었지요. 눈물이 고이고 가슴이 따뜻해졌습니다. 지금 생각해 보면, 그것이 '감사'가 아니었을까 싶어요.

「알아차리다」

2

우리에게 불가능한 것

아예 아무 생각도 하지 않으려고 애쓴다면 어떨까요? 그럴 수만 있다면 얼마나 좋겠어요. 하지만 불가능하다고 감히 단언합니다. 우리 뇌는 애초에 부정형으로, 즉 무언가를 없애는 방향으로 사고할 수 없습니다. 다만 생각을 아예 하지 않을 수는 없다고 해도, 생각을 내려놓는 법을 배운다면 앞으로의 삶에 이루 말로 다할 수 없을 만큼 유익할 것입니다.

「과거라는 목줄」

3

우리 머릿속의 원숭이들

명상을 진지하게 시도해 보면 놀라운 사실을 깨닫게 됩니다. 아무리 합리적이며 실용적인 사람이라고 자처하는 사람일지라도, 알고 보면 대부분 사고 과정이 서커스의 원숭이처럼 제멋대로 오락가락하는 생각들로 이뤄져 있다는 걸 말입니다.

남들이 우리 마음을 읽을 수 없어서 그나마 다행이지요. 아마 그들도 우리와 다르지 않다는 사실에 안심할 테지요. 남들도 다 그렇다면 이상할 게 없습니다. 우리는 그저 머릿속에 떠오르는 것들은 생각일 뿐, 진실은 아니라는 사실을 이해하기만 하면 됩니다.

「사원에 첫발을 내딛다」

4

가벼울 때 내가 될 수 있다

떠오르는 생각을 다 믿지는 말라.

살면서 이보다 더 도움이 됐던 말은 별로 없습니다. 안타깝게도 우리는 이 타고난 초능력을 간과한 채로 살아갑니다. 자기 생각에 의심을 품으며 조금은 거리를 두거나 우스갯거리 삼아 가볍게 접근한다면 자기답게 살아가기가 무한히 쉬워지는데 말이지요.

「떠오르는 생각을 다 믿지 않는다」

5

원래 그만큼 가치 있는 것

우리의 상반신은 일종의 물병과 같습니다. 숨을 들이마실 때는 몸 안에 물이 차오른다고 상상해 보세요. 숨을 내쉴 때는 수위가 내려가서 병이 비워집니다. 숨을 들이마실 때는 물이 바닥에서부터 다시 차오릅니다. 밀려왔다가 밀려가는 이 파도에 자신을 잠시 내맡겨봅시다. 이 정도면 됐다고 느껴지는, 몸속 깊이 편안하다고 느껴지는 순간이 옵니다.

일상에서 자기 자신에게 이처럼 몰입하고 관심을 기울이는 시간이 얼마나 되나요? 기회가 찾아왔다면 어딘가 어색하고 두려운 마음은 뒤로하고 시작해 보길 바랍니다. 호흡으로 뭔가를 얻을 수 있어서 가 아닙니다. 삶의 모든 부분을 차분하고 평온하게 바꾼다거나 내면의 희열을 맛볼 수 있어서도 아니에요. 특별히 영적인 사람이 되고 싶어서도 아닙니다. 단지 호흡이란 원래 그만큼 가치 있는 것이기에 거기에 주의를 기울여보자는 겁니다.

「과거라는 목줄」

6

칼을 쓰는 법

자네들 그거 아는가? 우리 정신은 어떤 면에서 이 칼과 흡사하다네. 내가 이 칼을 아무 때나 사용하면 어떻게 되겠나? 플라스틱도 자르고 콘크리트도 자르고 유리, 금속, 나무, 돌까지 마구 자른다고 상상해보게. 날이 금세 무뎌져서 제 역할을 할 수 없겠지. 반면에 나무를 자를 때 외엔 칼집에 꽂아두고 쉬게 하면, 이 칼은 제 역할을 빠르고 효과적으로 할 수 있겠지. 그것도 아주 오래오래.

「순간의 지성」

우리 마음속의 아름다운 안식처들을
어떻게 기르고 넓힐 수 있을까요?
부처님은 아주 간결하고 분명하게
그 방법을 말씀하셨습니다.

"항상 너 자신부터 시작해야 하느니라."

「모든 것은 너에게서 시작한다」

Week 2

왜 계획대로 되어야 한다고
생각합니까

7

확신이 나를 해칠 때

'절대 이 생각을 내려놓을 수 없어. 왜냐하면 그게 옳으니까.'

누구나 이러한 '논리'에 빠지곤 합니다. 우울하고 무기력할 때는 더욱 특정 신념에 지나치게 집착하게 됩니다. 그런 생각이 우리를 얼마나 해칠 수 있는지, 또 해로운 생각을 믿을 때 얼마나 큰 정신적 고통을 자초할 수 있는지 간과하기 쉽습니다. 그런 사실을 책에서 읽었던 기억이 떠올라도 다음 순간 우리는 고개를 젓지요. '그래, 뭐 그럴듯하게 들리네. 하지만 이 생각은 절대로 내려놓지 않을 거야. 이게 사실이니까. 이게 옳으니까.'

그 순간 이미 좁아져 버린 자신의 관점에선 그게 사실입니다. 의심할 여지도 없이 옳아요. 하지만 그 확신이 우리에게 어떤 영향을 끼치고 있습니까?

「곰돌이 푸의 지혜」

8

왜 계획대로 되어야 한다고 생각합니까

우리는 걸핏하면 삶이 우리가 원하는 방식대로, 우리가 계획한 방식대로 마땅히 흘러가야 한다고 생각합니다. 하지만 실상은 좀처럼 그렇게 되지 않습니다. 우리의 막연한 관념과 의지대로 삶이 이루어지리라고 기대하지 않는 것이 지혜의 시작입니다.

우리가 극히 무지하다는 것을 이해할 때, 지혜가 싹틉니다.

「마법의 주문」

9

나를 더 잘 이해하는 방법

우리에게 관심을 기울이고 호기심 어린 눈빛으로 귀를 기울이는 사람에게 마음을 터놓을 땐 얼마나 좋은지요. 잠시라도 제 입장에서 생각하고 뒤를 받쳐주는 사람이 있다는 건 참으로 든든합니다. 그와 같은 경청은 그 자체로 치유 효과가 있습니다. 그렇게 들어주는 사람을 만났을 때 우리는 자기 자신의 모습을 새롭게 발견하게 되지요.

'와, 나 좀 봐. 그동안 내가 생각하거나 느끼거나 믿는지도 몰랐던 것들을 말하고 설명하고 공유하고 있잖아!'

아무런 편견이나 판단 없이 귀를 기울이면 다른 사람은 둘째치고라도 먼저 자기 자신을 더 잘 이해할 수 있게 됩니다. 이 이야기를 꼭 기억하기 바랍니다. 언젠가 필요할 날이 올 테니까요.

「곰돌이 푸의 지혜」

하찮은 것과 귀한 것

모든 울력*은 한 가지 원칙에 따라 이루어집니다. 바로 무엇을 하든 열과 성을 다해야 한다는 것입니다. 사원에서는 어떤 활동이 다른 활동보다 더 유익하거나 중요하지 않습니다. 동네 병원의 간호사들에게 설법하는 일이 마당을 쓸거나 설거지하거나 뒷정리하는 일보다 더 낫거나 멋지지 않습니다.

---

* 여러 사람이 힘을 모아 일하면서 게으름을 몰아내는 수행

「괴짜들의 공동체」

II

필요한 아픔

어떤 승려는 무려 4년 동안이나 저를 몹시 싫어했습니다. 매일매일 조금도 감추지 않고, 쉬지도 않고 싫은 마음을 어떻게든 드러내곤 했습니다. 저는 늘 남들이 저를 어떻게 생각하는지 지나치게 신경 쓰며 살았습니다. 젊은 시절 제가 그토록 열심히 일했던 것도 그 때문이었습니다. 어쩌면 제게는 그처럼 저를 미워하는 사람이 필요했던 겁니다. 누군가가 저를 미워할까 봐 그토록 두려워했는데, 이유도 모른 채 그리 긴 시간 동안 끊임없이 미움을 받고 나니 그제야 모든 사람에게 호감을 사려고 애쓰는 게 얼마나 무의미한지 깨친 것입니다.

「괴짜들의 공동체」

현명함의 신호

마음은 불확실성에 직면할 용기를 낼 때 성장합니다. 우리의 무지를 편견으로 가리지 않을 때, 우리 마음대로 앞일을 통제할 수 없다는 점을 참아낼 수 있게 될 때 우리는 가장 현명해집니다.

「한 가지는 확실하다」

토마스 산체스, 「강을 따르는 마음」

Week 3

내가 나로 살아가기 위하여

13

내 안의 나침반

우리 각자의 내면에는 정교하게 연마된 자기만의 조용한 나침반이 있어요. 그러나 그 지혜는 요란스러운 자아와 달리 은은해서 일부러 관심을 기울이지 않으면 소리를 들을 수 없습니다. 자아가 던지는 질문과 요구는 그보다 몇 배나 시끄러워 지혜의 소리를 완전히 묻어 버리기 때문입니다.

「순간의 지성」

14

조심스레 한 발짝 멀어지다

세상은 계속해서 움직이고 변화합니다. 변화의 방향은 우리가 원하는 것과 대체로 무관합니다. 그러나 세상이, 누군가가 우리 생각대로 바뀌어야만 내가 나로 살아갈 수 있는 것은 아닙니다. 우리가 압박감, 슬픔, 외로움, 불안, 초라한 기분에 시달린다면 보통 거기에는 다른 이유가 있습니다. 우리가 집착하며 좀처럼 놓지 못하는 어떤 '생각'이 불행감을 초래하는 겁니다. 생각들이 마구 날뛸 때라도 할 수 있는 일이 있습니다. 먼저 조심스럽게 한 발짝 멀어집니다. 그러고는 말하는 겁니다. '그래, 알았어. 나중에 이야기하자고.'

「나를 괴롭히는 그 사람은」

당신의 평가와 판단으로

단지 남들이 이렇게 혹은 저렇게 판단한다는 이유로 진심으로 바뀐 사람이 인류 역사를 통틀어서 한 명이라도 있었을까요? 그럴 리가 없는데도 우리는 계속해서 남들을 판단하고 우리 뜻대로 바꾸려합니다. 거의 떼쓰는 어린아이 같은 집요함으로 그 방식을 고집하지요. 마치 세상이 자기 뜻대로 움직여야 한다고 굳건하게 믿는 것처럼 말입니다. 사람들은 저마다 민감한 감지기가 있어서, 누군가가 자기를 경계하거나 거리끼는 마음이 있으면 금세 감지할 수 있습니다. 그런 낌새를 감지한 사람은 자신감이 떨어지고 기분도 상합니다. 마음을 잘 열지 않게 되는 동시에 다른 사람의 감정에도 그다지 신경 쓰지 않게 됩니다. 그 반대도 마찬가지입니다.

「괴짜들의 공동체」

16

밖에서 보기 좋은 것

오랜 시간과 열정을 바쳤던 일에 의문을 품기란 무척 어렵습니다. 직업이든 인간관계든 생활 방식이든 누가 봐도 멋지고 좋아 보이는 것을 포기하기란 쉽지 않습니다. 하지만 제 내면에 귀를 기울이면서 그동안 억눌렸던 생각이 좀 더 자유롭게 흐르게 하자, 진심이 운신할 여지가 생겼습니다. 내면의 더 현명한 목소리가 제대로 들리기 시작하니, 드디어 결심을 단행할 만큼의 확신이 찾아온 것이지요. 저는 이런 식으로 혹은 저런 식으로 하는 게 좋겠다고 이성적으로 따져보지 않았습니다. 생각에 생각을 거듭하다 최종 결론에 이르지도 않았지요. 저 자신의 좀 더 큰 부분에 접근한 바로 그 정적의 순간 갑자기 분명해졌을 뿐입니다.

「순간의 지성」

부족해서 괴로운 것이 아니다

사랑하는 사람이 극도로 우울해하거나 자기 자신이 그 혹독한 시간을 겪고 있다면 이 점을 명심하기 바랍니다. 여러분은 혼자가 아닙니다. 우리 중 많은 사람이 그런 시기를 겪었지요. 심지어 마음을 수행한 승려도요. 그리고 기어이 이겨냈습니다.

「전직 승려의 수치」

18

순리를 믿는 습관

우리가 어쩔 수 없는 것까지 불안해하는 대신, 결국 모든 것이 순리대로 이루어질 것을 믿으며 사는 데 익숙해진다면 더 높은 차원의 자유와 지혜에 도달할 수 있습니다. 미래를 통제하고 예견하려는 헛된 시도를 내려놓을 수 있다면, 그럴 용기가 있다면 기적 같은 일이 일어납니다.

「기적이 일어날 여지」

토마스 산체스, 「명상을 묵상하다」

Week 4

세상이 마땅히
그래야 하는 모습

이로운 존재가 되고 싶습니다

우리는 늘 할 수 있는 최선을 다하고 있습니다. 그것을 기억해야 합니다. 남들도 최선을 다하고 있지요. 때로는 그 사실을 놓치거나 그렇게 보이지 않을 수도 있지만, 우리 중 대다수는 거의 언제나 이로운 존재가 되고 싶어 합니다. 하지만 상황이 늘 원하는 대로 흘러가는 것은 아니지요. 일이 잘 풀릴 때도 있고, 안 풀릴 때도 있습니다. 그럼에도 우리가 최선을 다한다는 사실을 항상 염두에 두고서 우리자신과 주변 사람들을 바라볼 때 삶은 달라집니다.

「모든 것은 너에게서 시작한다」

20

신은 믿되 낙타는 묶어두라

믿음이 늘 해답이나 해결책이 될 수는 없죠. 어떤 상황은 반드시 통제해야 하니까요. 우리가 이슬람교라고 부르는 지혜의 보고로 잠시 눈을 돌려볼까요. 이슬람교에는 금언이 참 많은데, 특히 무함마드의 언행록인 『하디스』엔 이런 문구가 있어요. "알라신을 믿되 타고 갈 낙타는 묶어두라."

나를 위해 그렇게 산다

사람들이 떠올리기만 해도 수치심을 느끼는 일들은 모두 자신이 틀렸다는 것을 알면서도 저지른 짓입니다. 진정 무거운 짐이지요. 그 짐을 끌고 다니는 일상은 지난하고 괴롭습니다. 이 삶의 여정에서 어두운 과거가 너무 많지 않다면, 품위를 저버렸던 고통스러운 기억이 너무 많지 않다면 어떨지 한번 상상해 봅시다.

그것이 자기 이득을 위해 다른 사람을 속이지 않는 것의 가치입니다. 자기 목적을 이루고자 다른 사람을 해하지 않고, 자기 마음과 몸이 당장 편하겠다고 진실을 회피하고 굽히고 왜곡하지 않는 것의 가치입니다.

22

진정 자유로운 삶

우리는 누구나 생각을 내려놓을 능력이 있습니다. 그 잠재된 능력을
무시하거나 아예 잃어버린다면, 우리 삶은 여태까지 몸에 깊이 밴
행동과 관점에 좌우됩니다. 모든 결정을 습관적으로 내리게 되지요.
이를테면 과거에 목줄이 묶여 끌려다니는 것이나 마찬가지이지요.
그런 삶은 자유롭지 않습니다. 그 안에는 존엄도 품위도 없습니다.
그렇다면 목줄을 끊어내기가 쉬울까요?
쉽지 않습니다.
그래도 최선을 다할 만한 가치가 있을까요?
물론이지요.

「과거라는 목줄」

나를 외롭게 만드는 생각

제 모습은 언짢음과 짜증으로 가득했습니다. 그때 스님이 저를 온화
하게 쳐다보면서 말했습니다.

"혼돈은 자네를 뒤흔들지 모르지만 질서는 자네를 죽일 수 있다네."

그렇습니다. 저는 세상이 마땅히 어떤 모습이어야 하는지 다 안다
고 상상한 것이지요. 그런데 세상의 모습이 제 생각과 맞지 않자 울
컥한 것입니다. '세상이 이렇게 했어야 한다'는 생각은 늘 저를 작고
어리석고 외롭게 만듭니다.

「닫힌 주먹, 열린 손바닥」

24

제자리를 찾는 길

모든 상처는 어차피 다정한 알아차림의 빛 가운데로 이끌어야 합니다. 결국 그 순간조차 모든 일이 제자리를 찾는 과정일 뿐입니다.

토마스 산체스, 「백색의 명상」

Week 5

내 할 일은
오로지 하나

25

몸으로 마음을 가르치기

다음과 같은 손동작을 연습해 보길 바랍니다. 먼저 주먹을 세게 쥐었다가 힘을 빼고 활짝 폅니다. 이 동작을 사전 암시처럼 자주 해보길 바랍니다. 간단한 동작이지만 우리가 유난히 집착하는 것을 내려놓으려면 어떻게 해야 할지 보여줍니다. 물건이나 감정, 신념 등 대상은 상관없습니다. 여러분도 주먹을 세게 쥐었다가 다시 손바닥을 활짝 펴보길 바랍니다.

「닫힌 주먹, 열린 손바닥」

내 할 일은 오로지 하나

지금은 호흡만 하면 됩니다. 다른 일은 전혀 신경 쓰지 않아도 되지요. 휴가를 떠난 셈입니다. 전두엽의 스위치도 꺼버렸습니다. 이 순간, 책임질 일은 하나도 없습니다. 이 순간, 짜내야 할 기획안도, 제시해야 할 의견도 없습니다. 잊어서는 안 되는, 꼭 기억해야 하는 사항도 전혀 없어요. 여러분이 신경 쓸 일은 오로지 호흡뿐입니다. 원하는 시간 동안 호흡에만 집중하면 되는 겁니다.

「과거라는 목줄」

27

괜찮아, 난 놓아버릴 거니까

내면에서 벌어지는 생각의 곡예에 주목할 줄 아는 것은 유용한 기술입니다. 그래야 필요할 때 그런 생각을 한 발짝 떨어져서 바라볼 수 있기 때문이지요. 우리는 생각을 덜 심각하게 받아들이는 법을, 그 생각에 더 냉철하게 접근하는 법을 배울 수 있습니다.

'아, 희한한 생각이 또 떠올랐군. 괜찮아. 어차피 난 그 생각을 놓아버릴 거니까.'

심각하지 않은 사람들의 기쁨

자기 자신과 자기 신념을 너무 심각하게 여기지 않는 사람들과 함께 있는 것은 즐겁습니다. 우리는 서로 통하는 게 많지요. 말하지 않아도 이런 대화가 오가는 것만 같습니다.

'난 아직 마음을 다 비우지 못했어요.

당신도 아직 마음을 다 비우지 못했군요.

난 그렇게 이성적인 사람이 아니에요.

당신도 그렇게 이성적인 사람이 아니군요.

난 이따금 엉뚱한 생각에 빠지곤 해요.

당신도 그렇군요.

난 어떤 일에 지나치게 감정적으로 반응하곤 해요.

당신도 마찬가지죠.'

「사원에 첫발을 내딛다」

29

고백의 가치

부처님은 마음을 깨끗이 유지하는 방식이 두 가지 있다고 말씀하셨지요. 죄를 짓지 않거나 지은 죄를 고백하는 것입니다. 가령 사원 전통에 어긋난 방식으로 성적 쾌락을 꾀했다면, 승려들 앞에서 고백해야 했던 것이지요. 그 고백 자체는 다소 우스꽝스러웠지만, 남들의 잘못을 바라보고 그 안에서 자기 자신의 모습을 발견하면서 우리는 점점 더 결속할 수 있었습니다. 부족한 사람은 자기 혼자만이 아니었던 것입니다. 그리고 거의 모든 잘못은 소리 내어 털어놓는 순간, 내적 압박이 조금 누그러졌습니다.

인생에 중요한 것 네 가지

난생처음으로 세상과 제 생각이 일치했습니다. 인생에서 정작 중요
한 건 따로 있었지요. 현재 하는 일에 온전히 집중하기. 진실을 말하
기. 서로 돕기. 쉼 없이 떠오르는 생각보다 침묵을 신뢰하기. 마침내
집에 돌아온 것 같았습니다.

여기저기 흩뿌려진 관심을 거둬들이고

선택한 곳으로 주의를 쏠리게 하는 것.

진정한 고통 앞에서

우리가 할 수 있는 최선은 이것뿐입니다.

그것이 부처님이 준 세 번째 선물입니다.

「떠오르는 생각을 다 믿지 않는다」

_____

_____

_____

_____

_____

_____

Week 6

마음은 혼자서
자라지 않는다

31

지금 우리가 가장 키워야 할 능력

우리는 지혜의 목소리에 귀를 기울일 능력이 있습니다. 그런데 너무나 많은 사람이 그 소리를 듣지 못합니다. 외부에서 쉽게 답을 찾을 수 있는 시대에 살고 있어서 특히 그렇습니다. 우리 정신을 쉬게 하고 내부에 가만히 귀를 기울이기가 그 어느 때보다 어렵지만, 그것은 그 어느 때보다 지금 우리에게 필요합니다.

「순간의 지성」

나 자신이 좀 더 견디기 쉬운 사람

더는 이런 식으로 살고 싶지 않다는 마음이 분명해졌습니다. 자기 자신을 즐거운 마음으로 마주할 수 없다면 보통 문제가 아닙니다. 결국 그 자리에서 저 자신과 협상을 시도했습니다. '앞으론 일단 나 자신이 좀 더 견디기 쉬운 사람이 되는 거야. 내 본모습을 좀 더 편하게 대하는 사람, 내 생각에 지배되지 않는 사람, 그리고 언젠가 나 자신과 좋은 친구가 될 수 있는 사람 말이야.'

어떻게 하면 그런 사람이 될 수 있을지 어느 정도 감은 있었습니다. 더는 제 인생이 통제할 수 없는 내부와 외부 상황에 전적으로 달린 것 같지 않았습니다. 제 의식을 정면으로 바라보고, 머릿속에서 떠오르는 온갖 생각을 아무 의심 없이 믿지는 않게 되었지요.

그것이 부처님의 첫 번째 선물입니다.

33

우리에게 가장 해로운 것들

내려놓기의 지혜는 참으로 심오합니다. 내려놓을 수 있을 때 얻는 것은 끝이 없지요. 우리를 쓸모없는 존재라고 느끼게 하고 외로움과 두려움을 부르는 생각들은 내려놓는 순간 힘을 잃습니다. 설사 그 생각이 '옳다' 하더라도요. 물론 말은 쉽고 실천은 어렵습니다. 하지만 가장 내려놓기 어려운 생각이 결국엔 우리에게 가장 해로울 수 있다는 사실을 깊이 들여다보길 바랍니다.

「곰돌이 푸의 지혜」

34

일의 끝에서 무엇을 느끼는가

어느 날 우리는 공양을 마친 뒤 불상을 옮기도록 도와달라는 요청을 받았습니다. 거대한 청동 불상을 산 정상에 있는 작은 정자까지 날라야 했습니다. 미얀마인들이 얼른 돕겠다고 나섰고, 태국인들도 소매를 걷어붙였습니다. 하지만 우리 서양인 승려 중 몇 명은 소동을 피해 뒷걸음을 쳤습니다. 그리고 이곳저곳을 손가락으로 가리키며 그 일을 더 빨리, 더 손쉽게 해치울 방법을 제안했습니다. 그러자 주지 스님은 제 어깨에 손을 얹더니 이렇게 말했습니다.

"이 일을 얼마나 효율적으로 수행하느냐는 중요하지 않다네. 이 일을 끝내고 우리가 어떻게 느끼느냐, 그 점이 중요하다네."

「아홉 번의 실패」

35

그 고통은 내가 불러들인 것이다

인간이 겪는 심리적 고통 대부분은 자발적인 것이며 스스로 초래한 고통입니다. 이 진리는 부처님의 무척 위대한 발견 중 하나입니다. 우리는 우리를 고통스럽게 하는 생각을 굳게 믿습니다. 우리가 존재하기 버겁고, 어렵고, 복잡하게 하는 그런 생각 말입니다.

내면의 어딘가에서 우리는 삶의 수많은 고통이 자기 자신의 생각 때문에 발생한다는 걸 알고 있습니다. 우리 마음의 고통은 대부분 외부의 사건으로 말미암은 것이 아니라 우리 안에서 끊임없이 이는 생각 때문에 일어나지요. 우리의 마음. 그곳이야말로 우리의 고통이 움을 틔우는 곳이며 생육하고 번성하는 곳입니다.

가장 암울한 감옥

떠오르는 생각을 거르지 못하고 다 받아들일 때, 우리는 지극히 연약한 존재가 되어 수시로 상처받습니다. 인생의 어떤 영역에서든 마찬가지입니다. 제 상처에 신경 쓰느라 지혜로운 선택도 내리지 못하게 됩니다. 자기 생각을 모두 믿어버린다면 우리 삶에서 가장 암울한 순간에 바닥이 없는 심연으로 빠져들게 되지요. 말 그대로 스스로를 죽음으로 몰아넣을 수 있습니다.

「떠오르는 생각을 다 믿지 않는다」

토마스 산체스, 「황금색 빛 속의 두 사람」

Week 7

지금, 여기서 내게
해줄 수 있는 일

37

영혼이 도약하는 순간

계획을 세우는 것과 그 계획이 반드시 결실을 보아야 한다고 생각하는 것 사이에는 차이가 있습니다. 미국의 아이젠하워 대통령이 예전에 이런 말을 했습니다.

"계획을 세우는 게 중요하지, 계획 자체는 전혀 중요하지 않다."

영적 성장의 결정적인 도약은 불확실성에 직면할 용기를 내는 데서 이뤄집니다.

「한 가지는 확실하다」

서로의 존재가 위안이 되는 관계

우리가 어떤 사람이든 어디에서 왔든 어떤 이력을 지녔든 간에 우리의 내면이 작용하는 방식은 대체로 닮았습니다. 그 사실을 깊이 받아들이고 잊지 않는다면, 더는 모든 것을 완벽하게 파악한 양 시늉하느라 기진맥진하지 않아도 됩니다. 그 대신 다른 사람과 서로 돕고, 나누고, 진정으로 만날 수 있게 됩니다.

인공위성처럼 고독하게 홀로 부유하지 않는 대신, 다른 사람과 치열하게 경쟁하는 대신, 서로의 존재가 위안이 되는 관계를 맺을 수 있습니다. 실패를 두려워하지 않고 서로 배우며 살아갈 수 있습니다. 남들의 아름답고 뛰어난 점을 발견하고도 자신이 그들만 못하다는 내면의 속삭임에 더는 시달리지 않을 수 있습니다.

「사원에 첫발을 내딛다」

39

부딪힐 때 반짝이는 것들

우리는 해변에 쓸려온 자갈과 같다네. 처음엔 거칠고 들쭉날쭉하지. 그런데 삶의 파도가 쉼 없이 밀려온다네. 우리가 그곳에 머물며 다른 자갈들 사이에서 거칠게 밀치고 비비다 보면, 날카로운 모서리가 서서히 그러나 확실히 닳게 된다네. 결국 둥글고 매끄러워지지. 그러면 빛을 반사하며 반짝이게 될 걸세.

「괴짜들의 공동체」

우리가 과거와 미래라고 부르는 것

우리가 과거라고 부르는 것은 실제로 벌어졌던 일이 아닙니다. 흔히 감정적으로 격앙된 상황에서 선별한 단편적 조각에 불과합니다. 그런데도 그 조각들은 우리가 상상하는 미래의 토대가 됩니다. 그것은 미래가 아닙니다. 우리의 가정이고 추측일 뿐이지요. 확실히 무슨 일이 벌어질지는 아무도 모릅니다. 그 누구도요.

「기적이 일어날 여지」

41

지금 여기서 내게 해줄 수 있는 일

사람은 누구나 다른 사람을 탓하기 좋아합니다. "만일 내 부모님이 다른 분이었다면… 정치인들만 좀 제대로 했어도…." 그런 굴레에 자꾸만 빠지는 인간의 속성을 바꿀 수는 없습니다. 그것은 우리 자아의 근본적인 속성이거든요. 남을 손가락질하는 것이 훨씬 편한 데다가 내 문제라고 생각하지 않아도 되니까요. 하지만 불쾌하고 불편하더라도 언젠가 반드시 자신에게 스스로 물어야하는 질문이 있습니다.

'현재 상황에서 나 자신의 고통을 덜기 위해 바로 지금, 바로 여기서, 내가 할 수 있는 건 뭐지?'

「나를 괴롭히는 그 사람은」

청하지 않은 것

당신이 바라지 않는 것을 남들에게 주지 말라.

가령, 청하지도 않은 조언 같은 것은 건네지 말라.

「죽음이 찾아오는 모습」

토마스 산체스 「섬 위의 명상 대각선」

Week 8

세상을 믿는 연습

세상을 믿는 동작

저는 여러분이 손을 조금 덜 세게 쥐고 더 활짝 편 상태로 살 수 있
길 바랍니다. 조금 덜 통제하고 더 신뢰하길 바랍니다. 뭐든 다 알아
야 한다는 압박을 조금 덜 느끼고, 삶을 있는 그대로 더 받아들이길
바랍니다. 그래야 우리 모두에게 훨씬 더 좋은 세상이 되니까요.

「닫힌 주먹, 열린 손바닥」

44

삶을 알아차리다

어떻게 하면 삶이 펼쳐지는 데 잘 대응할 수 있을까요? 간단합니다. 미래의 계획과 통제와 조직에 덜 신경 쓰고 현재에 더 충실하면 됩니다. 완전한 몰입에 빠졌을 때의 기분을 아실 겁니다. 기민하게 주의를 집중하게 되지요. 알아차림이라고 부를 수도 있을 겁니다. 순간에 몰입할 줄 아는 사람은 닥치지도 않은 온갖 일에 대응할 방법을 궁리하면서, 혹시나 잘못될지도 모를 상황을 미리 숙고하지 않습니다. 원하는 대로 상황이 흘러갈지를 끊임없이 걱정하지도 않지요. 오히려 열린 마음으로 현재에 충실히 대응합니다. 더 현명한 방법이지요.

번뇌는 없애는 것이 아니라 멀어지는 것

인간의 정신적, 초월적 성장은 심리적인 대응 전략을 익힌다고 얻을 수 있는 게 아닙니다. 진정 성장하려면 마음의 짐을 내려놓아야 합니다. 번뇌에서 멀어지고, 설사 번뇌에 빠지더라도 금세 벗어나는 법을 익혀야 합니다. 물론 살아가며 고민과 갈등이 아예 없을 수는 없습니다. 번뇌를 완전히 내려놓는 것은 적절한 목표가 아닙니다. 번뇌에서 완전히 해방되는 것은 죽은 사람뿐입니다.

「할 짓이 없어 빌어먹나」

46

고요를 연습하는 의미

'우리는 고요함 속에서 배운다.

그래야 폭풍우가 닥쳤을 때도 기억한다.'

선당에서 인생을 살아갈 순 없습니다. 하지만 아직은 미숙하고 연약한 아이가 성장하려면 주변의 격려와 친절이 필요하듯, 수행하지 않은 마음도 마찬가지입니다. 차분하고 평온한 장소에서 내 안의 고요를 만나다 보면 그보다 혼란스러운 일상에서도 좀 더 안정된 마음으로 살아갈 수 있습니다. 그렇지 않다면 그게 다 무슨 소용이 있겠습니까?

어울려 살아야 하는 존재

너무 힘든 시기엔 뒤로 물러나기 쉽습니다. 제가 그랬던 것처럼 혼자 고립되기도 합니다. 하지만 그건 별로 도움이 되지 않습니다. 아니, 전혀 도움이 안 됩니다. 우리는 사람들과 어울려 살아야 하는 존재입니다. 힘들 때는 더욱더 그러합니다. 될 수 있으면 자신을 있는 그대로 받아줄 사람들과 함께 어울려야 합니다. 안전하고 편안한 관계에서 힘을 얻어야 합니다.

「전직 승려의 수치」

48

내가 사는 그 모습으로

존재는 공명共鳴합니다. 우주는 우리가 하는 말과 행동 이면에 있는
의도에 반응합니다. 우리가 내보낸 것은 결국 우리에게 돌아옵니다.
세상은 세상 그 자체의 모습으로서 존재하지 않지요. 세상은 우리의
모습으로서 존재합니다. 그러니 그 안에서 보고 싶은 모습이 있다면
우리가 그런 존재가 되어야 합니다.

「네가 세상에서 더 보고 싶은 것」

토마스 산체스, 「걷는 자와 명상하는 자」

Week 9

내가 더 행복해지는
방향으로

49

옥죄며 살 것입니까
포용하며 살 것입니까

우리가 원하는 방식대로 돌아가지 않는 일을 끊임없이 걱정하면서 살지 않아도 괜찮습니다. 우리 자신을 원래보다 더 작고 초라하게 만들 필요 또한 없지요. 우리가 선택할 수 있습니다. 목을 옥죄며 살 것입니까, 아니면 넓은 마음으로 인생을 포용하며 살 것입니까? 자, 쥐고 있던 주먹을 펼쳐보길 바랍니다.

「닫힌 주먹, 열린 손바닥」

당신이 절대 찾지 않을 곳

신은 당신이 절대 찾지 않을 만한 장소에
가장 귀한 보물을 숨겨두었다.
바로 당신의 주머니다.

「원래 그랬던 것이다」

사람들을 내 뜻대로 움직이는 법

인간만이 자신과 맞지 않는 다른 존재를 성가시다고 여깁니다. 사람이라면 누구나 겪는 일이지요. 하지만 누군가를 미워하고 불편하게 여길 때 우리는 엄청난 기운을 소모하게 됩니다. 우리의 힘이 줄줄 흘러나갈 구멍이 생기는 것이나 다름없지요. 다행히도 그런 문제를 해결할 방법이 있습니다. 누군가와 좀 더 편하게 지내고 싶고, 그 사람이 자기 입맛에 맞게 행동했으면 한다면 기실 방법은 딱 한 가지뿐이지요. 그들을 그 모습 그대로 좋아하는 겁니다.

「괴짜들의 공동체」

52

맨손으로 물살을 막으려는 사람

삶을 뜻대로 휘두르려고 노력하는 건 끊임없이 흐르는 물살을 맨손으로 붙잡으려는 것과 같습니다. 끊임없는 변화는 자연의 속성이지요. 사원 생활은 삶을 통제하려는 인간의 타고난 의지를 좌절시키기도록 설계되었습니다. 그래서 돈을 만지지도 못하고, 언제 무엇을 먹을지 또 어느 오두막에서 잘지 선택하지도 못합니다. 그러한 수행은 놀라운 선물을 안겨줍니다. 삶이 불확실해질 때도, 앞날을 모를 때도 내면의 평화를 지킬 수 있게 해줍니다.

이 모든 것은 결국 헛된 노력을 덜 기울이며 살아가기 위한 것입니다. 자신이 알고 있다는 믿음과 미래에 덜 집착하고, 삶이 실제로 벌어지는 유일한 장소인 지금 여기에 더 마음을 여는 과정입니다.

「한 가지는 확실하다」

내가 더 행복해지는 방향으로

인간은 본래 자신이 더 행복해지는 방향으로 살아가려는 습성이 있습니다. 그리고 '내가 틀릴 수 있어. 내가 다 알지는 못해'라는 생각에 익숙해지는 것만큼이나 우리가 확실하게 행복해질 방법은 흔치 않습니다.

특별히 멋진 생각 하나

태국에는 멋진 속담이 하나 전해 내려옵니다. '부처의 등을 도금한다'라는 말이지요. 태국의 신도들이 정기적으로 절을 찾아 참선한 다음 금종이와 촛불, 향을 보시하는 전통으로부터 유래한 것입니다. 태국의 불상들은 대개 이 금종이들로 금박을 입히거든요. 이 속담은 자기의 선행을 다른 이들이 알아주지 않아도 상관없다는 뜻입니다. 아무도 보지 못할 불상의 등에 금박을 입힌다는 생각에는 그야말로 멋진 구석이 있습니다. 이때 다른 누군가가 아는지 모르는지는 중요하지 않습니다. 자기 자신만은 알 테니까요.

「네가 세상에서 더 보고 싶은 것」

도움이 점점 더 필요해질수록

더욱 분명해지는 것도 있었습니다.

사람은 대부분 남을 도와주길 좋아하며,

기회가 생기면 선뜻 나서서 돕는다는 것이었습니다.

「죽음이 찾아오는 모습」

Week 10

이 세상에 온 것을
환영해

55

성공과 행복은 다른 것입니다

겉보기에 성공한 사람 대부분이 결국엔 깨닫게 되지요. 성공이 행복을 보장하지 않는다는 사실을요. 성공과 행복은 서로 다른 것이니까요. 다른 사람들의 눈에는 제가 인생을 능숙하게 살아나가는 것처럼 보였을 겁니다. 하지만 매 순간 엄청난 의지력과 자제력을 발휘해서 겨우 버텨낸 거였죠.

무언가에 진심이 아니더라도 열심히 흉내를 내면 생각보다 무척 오래 버틸 수 있습니다. 하지만 자제력만으로 더는 해낼 수 없는, 아니 해내고 싶지 않은 날이 옵니다. 한 사람의 일상에서 대부분을 차지하는 일은 우리 존재의 더 깊은 부분에 자양분과 활력을 공급해야 합니다. 그런 유형의 자양분은 흔히 성공에서 얻을 수 없습니다.

56

우리 안에서 찾으면 더 좋지요

누구나 이따금 길잡이가 필요합니다. 누구나 극도로 외롭거나 무기력하거나 소외되거나 오해받거나 부당한 대우를 받는다고 느끼는 시기가 있습니다. 폭풍이 몰아칠 때는 붙잡을 만한 것을 찾아내서 우리 자신을 거기에 붙들어 매야 합니다. 밖에서 찾을 수도 있고 우리 안에서 찾으면 더 좋지요.

「카라마조프가의 형제들」

57

내면의 참된 친구

우리가 마음속에 떠오르는 온갖 생각을 무조건적으로 믿지 않을 때
무엇을 얻을 수 있을까요? 그때 우리는 자기 내면에 참된 친구이자
소중한 동반자를 두게 되는 것입니다. 그는 언제나 여러분과 함께하
며 절대적으로 여러분의 편이지요.

58

알아도 여전히 아프다

마음의 고통이 내 안에서 나왔다는 것을 알더라도 아픔이 덜해지진 않습니다. 그 앎 자체로는 조금도 고통을 덜어낼 수 없습니다. 하지만 최소한 그 사실을 이해하면 고통을 새로운 방식으로 바라볼 수 있게 됩니다.

그 화는 아무것도 차지하지 못하지요

한번은 국왕이 정중한 목소리로 물었습니다. "루앙 폰둔 스님도 화
난 적이 있습니까?" 불교에서 평정심은 때로 깨달음의 척도처럼 여
겨지기에 다소 민감한 질문이었습니다. 스님은 이렇게 대답했습니
다. "화가 나긴 하지만, 그 화는 아무것도 차지하지 못합니다."
어둡고 부정적인 감정을 모두 피하라는 말이 아닙니다. 다만 그런
감정이 곧 우리 자신이라고 믿지 않길 바랍니다. 그것이 내면을 전
부 차지하고 물들게 두지 말길 바랍니다. 그런다면 분노나 억울함
도, 시기와 미움도 더는 우리를 해치지 못하고 곧 후회할 일을 저지
르게 하지도 못합니다.

60

마지막까지 속일 수 없는 한 사람

등을 꼿꼿이 세우고, 도덕의 나침반을 놓치지 않은 채 살아가고 싶은 것은 어떤 책에서 그렇게 하라고 말해서가 아닙니다. 먼지가 내려앉은 어느 낡은 종교의 지침이 그러해서도 아닙니다. 혹은 다른 이들에게 올곧게 보이고 싶어서도 아니지요. 구름 위에 있는 어떤 은발 노인이 제가 하는 모든 행동과 말을 지켜보며 평가하고 있어서도 아닙니다. 제가 기억하기 때문입니다.

「네가 세상에서 더 보고 싶은 것」

토마스 산체스, 「해안의 하얀 빛」

지금이 바로
그 시간입니다

61

누가 아는가

어느 늦은 밤, 스님은 사촌과 식탁에 마주 앉았습니다.

사촌은 갑자기 잔을 하나 더 가져오더니, 술을 붓고는 스님 앞에 두었습니다.

"한잔 안 마실래?"

"괜찮아. 내가 속한 종파는 술을 마시지 않아."

"에이, 뭘 그래."

사촌은 포기하지 않았습니다.

"누가 알겠어."

아잔 파사노 스님은 그를 바라보고는 조용히 그리고 분명하게 말했습니다.

"내가 알겠지."

「네가 세상에서 더 보고 싶은 것」

꾸짖는 대신 주목하기

우리 마음은 지칠 줄 모르고 전혀 예상치 못한 방향으로 치닫습니다. 하지만 우리 역시 집중력이 흐트러질 때마다 결국 또 길을 잃었다는 것을 알아차립니다. 그럴 때마다 우리가 해야 할 일은 자신을 꾸짖거나 이번에는 어느 정도 해냈는지를 평가하는 것이 아닙니다. 다만 또다시 흐름을 놓쳤다는 것에 주목한 뒤, 그 생각을 내려놓고 원래 집중하려던 대상으로 차분히 관심을 돌려야 합니다.

「과거라는 목줄」

63

나쁘고도 좋은 소식

영원한 것은 없습니다. 모든 게 일시적이지요.

참 나쁜 소식입니다. 하지만 좋은 소식이기도 합니다.

「반지 안의 비밀」

64

다른 사람들과 함께하는 일은
무한한 보상이 된다

상담 초기엔 어떻게든 조언을 해주려고 애썼습니다. 하지만 시간이 갈수록 입을 다물고 그저 열린 마음으로 차분히 귀를 기울이게 됐습니다. 처음에 자기에게 주어진 삶의 무게 때문에 울었던 사람들은 이제 고마움으로 말미암아 울게 되었습니다. 누군가가 마침내 자신의 말에 귀를 기울여준 까닭이지요. 이때 한 가지 중요한 것을 배웠습니다. 다른 사람들과 함께하고 그들을 돕는 일은 그 자체로 저에게 무한한 보상이 된다는 것입니다.

「카라마조프가의 형제들」

지금이 바로 그 시간입니다

여러분이 사과 한마디를 전해야 할 사람이 있습니까?

지금이 그 말을 꺼낼 시간입니다.

여러분만이 해줄 수 있는 말 몇 마디를 기다리는 사람이 있습니까?

망설이지 마십시오.

지금이라도 바로잡을 수 있는, 후회스러운 일이 있습니까?

당장 바로잡으면 됩니다.

「몹시 거슬리는 한마디」

66

잘했더라도 혹은 그러지 못했더라도

부처님은 부모 자식 관계가 특별하다고 강조합니다. 자신을 길러준 분들에게 고마워하는 것은 가치 있는 일입니다. 잘하고 못하고를 떠나 그분들은 아마 자신들의 한계 내에서 전력을 다했을 것입니다. 그것이 불교의 전제입니다.

정신없이 휘몰아치는 생각의 소용돌이에서 잠시 벗어났습니다.
그러자 놀라운 해방감을 느꼈습니다. 생각이 온전히 사라지진
않았지만 더는 그 속에 매몰되진 않게 된 것입니다.
그러자 내가 생각을 하는 것이지, 내가 곧 생각과 같은 것은
아니라는 것을 깨달았습니다.

「과거라는 목줄」

Week 12

내게 주어진 초능력

지능 아닌 지성

서구에서는, 특히 사업 영역에선 지적 능력이 사실상 모든 것에 우선한다고 배우며 자랐습니다. 하지만 여기에선 인간의 가치와 재주는 높은 지능에만 있는 것이 아니라는 것을 보여주었지요. 우리 머릿속에 한계가 없는 지성이 존재하며, 우리는 거기 더 깊이 의지할수록 더욱 온전한 삶을 살 수 있습니다.

「지혜가 자라는 사람, 나티코」

68

여름날 아침 풀밭에 맺힌 이슬처럼

오늘 밤엔 여러분에게 마법의 주문을 알려주고자 합니다.

갈등의 싹이 트려고 할 때, 누군가와 맞서게 될 때, 이 주문을 마음속으로 세 번만 반복하세요. 어떤 언어로든 진심으로 세 번만 되뇐다면, 여러분의 근심은 여름날 아침 풀밭에 맺힌 이슬처럼 사라질 것입니다.

자, 다들 그 주문이 뭔지 궁금하시죠? 바로 알려드리겠습니다.

내가 틀릴 수 있습니다.
내가 틀릴 수 있습니다.
내가 틀릴 수 있습니다.

「마법의 주문」

69

누군가를 미워한다는 것은
그 사람을 계속 생각한다는 뜻이다

여러분의 마음을 누군가에게서 완전히 닫아버릴 때 무슨 일이 일어
날까요?

지금 여러분은 마음에 억울함의 씨앗을 심은 것입니다. 누군가를 밀
어내려면 마음 어딘가에서 그 사람에 대해 끊임없이 생각해야만 합
니다. 그러다 보면 억울함은 점점 자라 상대에게는 조금도 영향을 미
치지 못하고, 어느새 자신을 망가뜨리는 지경에 이르게 될 겁니다.

「몹시 거슬리는 한마디」

내 마음의 문지기

떠오르는 생각을 다 믿는 삶에서 존엄은 어디에 있을까요? 자유는
또 어디에 있을까요? 우리는 생각을 선택하지 못합니다. 그 생각이
어떤 양상을 취할지도 통제하지 못하지요. 다만 어떤 생각은 더 오
래 품으며 고취할 수 있고, 어떤 생각에는 최대한 작은 공간만을 내
줄 수도 있습니다. 마음속에 불쑥 떠오르는 생각을 막을 방법은 없
습니다. 하지만 그 생각을 믿을지 말지는 선택할 수 있습니다.

「떠오르는 생각을 다 믿지 않는다」

71

디저트를 아무리 많이 먹어도
배가 차지 않는 이유

행복은 외부 요인에서 비롯한다고 생각하기 쉽습니다. 저도 젊었을
때 그렇게 생각했고, 지금조차 그런 사고방식에서 완전히 벗어났다
고 말할 수는 없습니다. 행복이 바깥에서 온다고 믿고 싶은 본능은
그만큼 강력합니다. 가령 화려한 경력을 쌓아 남들에게 성공한 사람
처럼 보이면 한동안 꽤 우쭐할 수 있지요. 하지만 누구나 잠시 멈춰
생각해 보면 깨닫게 됩니다. 그 삶은 마치 달콤한 디저트만 먹으면
서 사는 것과 같다는 것을 말이죠. 디저트는 눈에 아름답고 입에 달
콤하지요. 하지만 생명을 이어가는 데 필요한 자양분을 제공하진 못
합니다.

원하는 것과 필요한 것

문득 예전에 스승님들이 했던 말이 떠올랐습니다.

"여러분이 원하는 것을 항상 가질 수는 없지만

여러분이 필요한 것은 항상 가질 수 있습니다."

정말로 그랬습니다. 참으로 이상하게도 제가 욕구를 채우려는 집착

을 버릴 때마다 그 욕구가 더 쉽게 충족되었습니다.

토마스 산체스 「경배」

부끄럽더라도
부족하더라도

말을 거둬야 하는 순간

화난 사람에게 절대로 내려놓으라고 말해서는 안 됩니다. 그 말이
통하지 않는 건 물론이고 오히려 상대를 자극할 뿐이니까요. 내려놓
으라고 말해야 할 상대는 자기 자신뿐입니다. 그때만 유일하게 효과
가 있지요.

「몹시 거슬리는 한마디」

진흙탕과 샘물

우리는 늘 자기 자신과 함께 살아갈 수밖에 없습니다. 그래서 우리의 행동과 기억은 우리가 앉아 있는 목욕물과도 같습니다. 그 깨끗함은 자신에게 달려 있습니다.

가혹하고 훌륭한 스승

머릿속에선 온통 암울한 미래를 예견하는 목소리만 메아리쳤습니다. '모든 게 갈수록 더 나빠질 거야.' 저는 그런 목소리를 거부하거나 맞서 싸울 수 없었습니다.

그 불안감은 제가 아는 한 가장 가혹하면서도 가장 훌륭한 영적 스승이었습니다.

떠오르는 모든 생각을 믿지 않아야 한다는 의지가 그때보다 더 굳건했던 적이 없었습니다. 칠흑 같은 어둠 속에서 떠오르는 온갖 생각이 무서우리만치 강한 설득력을 지니고 있었지만, 그간에 제가 배우고 익혔던 모든 것이 가늘디가는 구명줄을 내려주었기 때문입니다. 오랫동안 내려놓는 연습을 했기에, 저는 가장 낙심한 순간에 그 능력을 소환할 수 있었습니다.

「전직 승려의 수치」

내가 모르는 이야기

만나는 사람마다
네가 모르는
전투를 치르고 있다.
친절하라.
그 어느 때라도.

「네가 세상에서 더 보고 싶은 것」

태어남도 죽음도 없습니다

불교도는 명상할 때 지금 이 육체로 존재하는 것에 집중합니다. 그러나 우리와 육신 사이에는 엄연한 차이가 있습니다. 인간은 곧 육신이 아니며, 육신을 지녔을 뿐입니다. 부처님은 그 점을 강조하고자 이런 말씀을 하셨습니다.

"나는 끝없이 돌고 도는 육신을 통해 태어남도, 죽음도 없음을 알아차렸다."

「다 빼앗길 것이다」

78

평생 가는 단 하나의 관계

우리가 태어나서 죽을 때까지 맺는 온갖 관계 중에서 단 하나만이 진정으로 평생 이어집니다. 바로 우리 자신과 맺는 관계입니다. 그 관계가 연민과 온정으로 이루어진, 사소한 실수는 용서하고 또 털어 버릴 수 있는 관계라면 어떨까요? 자기 자신을 다정하고 온화한 시선으로 바라보고 제 단점에 대해 웃어버릴 수 있다면 어떨까요? 그리고 그와 같은 마음으로 우리 아이들과 우리가 사랑하는 이들을 거리낌 없이 보살핀다면 또 어떨까요? 그렇게만 된다면 세상 전체가 반드시 좀 더 좋은 곳이 될 것입니다. 우리 안의 고귀한 마음가짐이 흘러넘칠 것입니다.

토마스 산체스, 「마음의 동굴에서」

Week 14

쥐려고 하면
놓치게 되지요

내가 당신을 좋아하지 않더라도 괜찮습니다

숲속 사원의 전통적인 문화는 합의를 기반으로 합니다. 함께 지내는 승려들은 서로 상대에게 다음과 같은 마음가짐으로 임해야 합니다. '나는 당신과 함께 협력할 준비가 되어 있습니다. 당신은 완벽하지 않아도 됩니다. 지적으로 뛰어나지 않아도 됩니다. 설사 내가 당신을 좋아하지 않더라도 괜찮습니다. 그래도 나는 당신과 함께 협력할 준비가 되어 있습니다.'

「괴짜들의 공동체」

80

왜 나를 용서하지 못하는가

사람들은 흔히 스스로를 너무 부족하다고 여기는 탓에 자신에게 연민을 베풀지 못합니다. 그런 감정적 보살핌을 받을 자격이 없다고 생각하는 것입니다. 하지만 사랑받을 자격이 있다고 느낄 때까지, 마법처럼 그런 마음이 들 때까지 기다린다면 영원히 기다려야 할 수도 있습니다.

「모든 것은 너에게서 시작한다」

당신이 알아야 할 것

잘 들어보세요. 떠오르는 모든 생각을 무작정 믿지 않아야 합니다. 주의가 흐트러지지 않아야 합니다. 현재 상황을 온전히 알아차려야 합니다. 그래야만 온 우주가 다음과 같은 원칙에 따라 운행된다는 근본적 진실을 알게 될 것입니다. 그 진실이 뭐냐고요?

당신이 알아야 할 때
알아야 할 것을
알게 될 것입니다.

「기적이 일어날 여지」

내 인생이라 불리는 짐

거의 모든 인간을 지배하는 생각에는 두 가지 종류가 있습니다. 과거를 중심으로 돌아가는 생각과 미래를 중심으로 돌아가는 생각이지요. 이 두 가지는 대단히 매혹적이며, 결국 같은 이름으로 불립니다. 바로 '내 인생'이라는 이름이지요. 이는 살아가는 내내 크고 무겁고 중요한 짐 두 개를 이고 다니는 것과 같습니다. 때로는 잠시 그 짐을 내려놓는다면 어떨까요? 인생에서 좀 더 가까이 당면한 순간, 바로 여기 지금 이 순간을 반갑게 맞아보는 겁니다.

「기적이 일어날 여지」

83

망가진 채로 가라

제가 다른 이들에게 위로와 평화를 줄 수 있을 줄 누가 알았을까요?

여전히 제 안엔 고립과 우울이 남긴 상처가 있었습니다. 혼란도, 불안도 가시지 않았습니다.

그렇게 망가진 채로도 제가 할 수 있는 일이 있던 것입니다.

「반지 안의 비밀」

84

나의 오랜 친구 나의 몸에게

어렸을 땐 제 몸의 이곳저곳이 걱정스러웠습니다. 마음에 안 드는 곳들은 얼마든지 있었고, 그곳에 대해 이러쿵저러쿵 불만을 늘어놓았지요. 하지만 이젠 저와 제 육신은 그때와는 전혀 다른 관계를 맺고 있습니다. 오랜 친구 같다고나 할까요. 우리는 좋을 때나 어려울 때나 늘 함께했습니다. 우리는 이젠 젊지 않습니다. 그 오랜 세월을 함께해 준 제 몸에게 고맙습니다. 그 고마움을 어떻게든 표하고 싶습니다.

「다 빼앗길 것이다」

모든 것이 원래 되어야 하는 대로 된다, 항상.

우주는 실수를 저지르지 않는다.

「두려워하지 않아도 돼」

토마스 산체스, 「둥근 달을 명상하다」

Week 15

가장 좋은 일은
계획할 수 없습니다

85

펼친 손에 채워지는 것

누구나 인간의 삶에 확실한 것이 하나도 없다는 점을 잘 알 것입니다. 이승에서 우리에게 분명한 것은 단 한 가지, 바로 삶이 언젠가는 끝난다는 점입니다. 나머지는 희망, 두려움, 가정, 소망, 예상, 의도 등입니다. 그 사실을 인정하고 받아들일 때 저도 모르게 꾹 쥐었던 주먹이 스르르 풀리고, 펼친 손은 삶으로 가득 찰 것입니다.

「한 가지는 확실하다」

86

질책의 효과

우리는 "이렇게 기분 나빠하면 안 돼. 이렇게 반응하면 안 돼. 너무 쉽게 의존하고 상처받고 시기하고 분개하면 안 된다고!"라고 외치는 머릿속 생각들에 온통 주의를 빼앗겨 마음속의 조용한 목소리를 너무 쉽게 놓쳐 버립니다. 한 가지 확실한 것은, 그런 식의 질책은 힘든 감정을 겪는 어떤 사람에게도 전혀 도움이 안 된다는 점입니다. 그보다는 고통의 원인을 파악해서 그것을 우리가 끌어낼 수 있는 최대한의 연민과 이해로 바라보려고 노력해야 합니다. 그래야 암울한 생각에 맞설 방법을 찾아낼 수 있고, 그 생각을 믿지 않은 채 빛 한가운데로 끌어낼 수 있습니다.

안다고 생각하는 사람의 한계

'지식은 자신이 아는 것을 자랑한다.
지혜는 자신이 모르는 것 앞에서 겸손하다.'

이미 안다고 생각하는 것에만 매달리면, 어떤 경험이나 배움도 우리에게 스며들 수 없게 되어 너무나 많은 것을 놓치게 됩니다. 더 높은 지혜에 도달하고 싶다면, 신념과 확신을 살짝 내려놓고 우리가 실은 그다지 아는 것이 없다는 사실에 좀 더 익숙해져야 합니다.

「곰돌이 푸의 지혜」

88

삶에서 가장 좋은 일은 계획할 수 없다

"기적이 일어날 여지를 꼭 남겨두세요."

그 순간 제가 꼭 들어야 하는 말이었습니다. 저는 모든 걸 통제하려 들고 있었습니다. 그럴수록 삶은 외롭고 고달프며 불안하고 초조해지는 법인데 말이지요.

삶에서 가장 좋았던 일들은 거의 대부분이 제 계획이나 노력으로 이루어진 것이 아니었습니다. 모든 것을 지시하고 예측하려 들수록 즐거움은 사라지고 더 괴로워집니다.

「기적이 일어날 여지」

89

표류하는 배처럼 외로워도

인생에서는 언제고 폭풍우를 맞이하게 됩니다. 몇 번이고 되풀이해서 말입니다. 때로는 등대나 신호등 불빛도 없는 거친 바다에서 홀로 표류하는 배처럼 외로울 것입니다. 지난주까지 마쳤어야 할 일을 두고 상사가 고함을 치거나 아끼는 사람과 다툴 때처럼, 견딜 만한 풍파라고 해도 괴로울 것입니다. 뭐가 됐든 내면에서 들려오는 가장 큰 비명에 마음을 다 빼앗기게 되겠지요. 하지만 좀 더 평온한 시기에 생각을 내려놓는 법을 배웠고 관심의 방향을 선택할 능력을 키웠기에 제게는 아주 믿을 만한 동지가 있는 셈입니다. 어떤 상황에서도 제 곁을 지켜주고 늘 제 편을 들어줄 든든한 동반자 말이지요.

「잃을 것은 너무나 많지만」

90

모든 것이 여기에서 시작된다

우리에게 가장 중요한 것은 자기 자신과 화해하는 겁니다. 거기에 도달하면 갑자기 굉장히 많은 것들이 알아서 제자리를 찾아갈 겁니다. 화해는 그때부터 시작됩니다. 다른 사람이 먼저 용서하거나 화해를 청하기까지 기다린 다음 나아갈 순 없습니다. 모든 것은 여기에서 시작됩니다. 그리고 끝납니다.

「몹시 거슬리는 한마디」

내면의 목소리란 완전히 새로운 생각과 개념이
갑자기 마른하늘에 날벼락처럼 뚝 떨어지는 것이 아닙니다.

실은 오랜 시간 심사숙고한 결과일 가능성이 큽니다.

「순간의 지성」

고통에 삶을
빼앗기지 않으려면

기댈 것이라곤 믿음뿐

우리가 사는 우주는 모든 것이 임의로 이루어지는 차갑고 적대적인 곳이 아닙니다. 오히려 정반대입니다. 우리가 세상으로 내보내는 것은 결국 우리에게 고스란히 돌아오지요.

제가 이처럼 믿음을 말하면, 상황을 철저하게 통제하려 드는 사람일수록 마음이 더 불편해질 것입니다. 하지만 그럴수록 믿음이 주는 기쁨과 풍요로움을 놓치게 됩니다. 그리고 누구라도 기댈 것이라곤 믿음밖에 없는 상황을 맞이하게 될 수 있지요.

「믿음이 보여주는 자리로」

92

아픔을 어떻게 바라볼 것인가

육신은 본래 이따금 아프기 마련이지요. 운이 좋으면 노년까지 살지만 결국엔 죽습니다. 저는 어느 순간, 인간의 육신을 바라보는 상당히 현실적인 관점을 터득했습니다. 그러니까 육신은 말하자면 우리가 착용하는 우주복과 같은 겁니다. 제가 받은 이 우주복은 다른 사람들 것만큼 성능이 좋지 않아서 좀 더 빨리 닳는 모양입니다. 그건 제가 어찌할 수 있는 부분이 아니지요.

「다 빼앗길 것이다」

93

몸에게 보내는 약속

숱한 세월 동안 한결같이 최선을 다해줘서 정말 고맙다. 넌 지금 힘든 싸움을 하고 있어. 참으로 네가 안쓰럽단다. 넌 뭐 하나 거저 얻지 못하면서도 날 위해 온 힘을 다하는구나. 네가 필요한 공기조차 얻지 못하는데도. 그런 너를 도우려고 나도 최선을 다하고 있어. 하지만 충분치 않다는 걸 알아. 아니, 턱없이 모자라지. 그런데도 넌 날마다 네가 가진 걸 모두 걸고서 힘껏 싸우는구나. 넌 내 영웅이야. 중요한 약속이 있어. 네가 더 버틸 수 없을 땐 네가 원하는 대로 할 거라고 엄숙히 맹세할게.

그때가 오면 다 받아들이고 감사한 마음으로 내가 할 수 있는 걸 할게. 믿고 받아들이며 편히 쉴게. 우리가 누렸던 놀랍도록 멋진 삶에서 기쁨을 얻고, 아주 의연한 목소리로 너에게 속삭일게.

"너와는 이렇게 끝나겠지만 난 앞으로도 계속 갈 거야."

「다 빼앗길 것이다」

옳다는 것이 핵심이 아니다

영국의 어느 사원으로 옮겼을 때, 저는 누군가와 사소한 일로 언쟁을 벌였던 적이 있습니다. 주지 스님은 저를 물끄러미 바라보며 이렇게 말했습니다.

"옳다는 것이 결코 핵심이 아니라네."

나는 여전히 여기 있습니다

평범한 일상을 지키기로 했습니다. 질병에 휘둘리고 싶지 않았습니다. 이런 상황에서는 자기 자신을 피해자로 인식하고 스스로의 정체성을 곧 '병자'라고 여기게 되기 쉽습니다. 저는 그 함정에 빠지지 않으려고 특히 조심해 왔습니다. 어쩌면 그래서 더 적극적으로 강연에 나섰는지 모르겠습니다. 세상에게 그리고 아마도 저 자신에게 "나는 여전히 여기 있습니다"라고 말하고 싶었던 게 아닐까요.

「죽음이 찾아오는 모습」

96

삶을 다 바쳐 이해할 만한 진실

사랑하는 이들 곁에 영원히 머물 수 없음을 진정으로 이해하려면 죽음을 가까이에서 접해야만 하는지도 모릅니다. 물론 머리로는 우리 모두 언젠가 죽으리라는 사실을 잘 알지요. 하지만 그것은 어디까지나 머리에 있는 지식일 뿐입니다. 그 사실을 자기 존재로 깨닫는 것은 인생 전체를 동원해도 이루기 어려운 과업이지요. 그래도 아깝지 않은 가치가 있습니다.

「몹시 거슬리는 한마디」

우리 인간은 나무에 매달린 잎사귀와 같습니다.

대부분의 잎은 시들어 갈색으로 변할 때까지 버티지만,

일부는 여전히 파릇파릇한 초록빛일 때 떨어지지요.

「죽음이 찾아오는 모습」

Week 17

저 고비 너머에서
기다리고 있는 것

예상할 수 있는 길과 그렇지 않은 길

개개인의 삶에는 저마다 도전과 난관이 도사리고 있습니다. 발길 닿는 곳마다 갈림길이 기다립니다. 자기한테 편한 길을 선택해야 할까요, 아니면 상대에게 너그럽고 훌륭하고 포용적이고 배려하는 길을 선택해야 할까요? 세상에 편한 길은 없습니다. 반듯하고 평탄해 보이는 길에도 그것만의 함정이 있기 마련입니다. 그러나 예상할 수 있는 길을 택할 것인지, 아니면 더 큰 포용력과 상상력을 요구하는 길을 걸을 것인지의 문제는 남아 있습니다. 출발점은 같을지 모르지만 두 길의 끝은 대단히 다른 목적지로 이어집니다.

「네가 세상에서 더 보고 싶은 것」

98

들판에서 당신을 기다립니다

800년 전, 페르시아의 이슬람교 신비주의자이자 위대한 시인인 루미는 이렇게 말했습니다. "악행과 선행이라는 개념 너머에 너른 들판이 있다. 그곳에서 당신을 만날 것이다." 저는 점점 더 많은 사람이 그 들판을, 그리고 그곳에서의 그 만남을 고대한다고 확신합니다.

「마법의 주문」

절망을 거두면 싹트는 것

승려 시절에 배운 것들은 여러모로 도움이 되었습니다. 어쨌거나 저는 앞일을 미리 걱정하지 않는 법과 떠오르는 생각을 다 믿지 않는 법을 17년 동안이나 수행했으니까요. 진단을 받은 뒤로는 그 어느 때보다 소중해진 기술입니다. 그 기술 덕분에 때로 덮쳐오는 절망감을 조금이나마 물리칠 수 있었습니다. 그 대신 제 안에서 싹트는 다른 느낌을 감지할 수 있었지요. 그것은 죽는 그날까지 진정으로 살아 있고 싶다는 강력한 의지였습니다. 저는 죽음이 두렵지는 않습니다. 다만 아직 삶을 멈출 준비는 되지 않았습니다.

「죽음이 찾아오는 모습」

쟤한테는 큰 차이가 있죠

밤새 몰아치던 폭풍우가 물러난 아침, 파도에 휩쓸려 온 불가사리가 해변에 수도 없이 널려 있었습니다. 한 아이가 불가사리를 하나 집어 들어 바다로 던졌습니다. 또 하나를 주워 그것도 바다로 던졌습니다. 그 모습을 보던 한 노인이 다가와 말을 걸었습니다.

"꼬마야, 지금 뭐 하니?"

"불가사리를 바다로 돌려보내고 있어요."

"하지만 얘야, 이 해변엔 수십만은 못 되더라도 수만 마리나 되는 불가사리가 널려 있단다. 네가 몇 마리 구해준다고 별 차이가 있겠니?"

아이는 아랑곳하지 않고 불가사리를 또 집어서 바다로 던졌습니다. 그리고 노인에게 말했습니다.

"쟤한테는 큰 차이가 있죠."

「네가 세상에서 더 보고 싶은 것」

죽음의 반대말

왜 우리 문화권에서는 죽음과 싸우고, 죽음에 저항하고, 죽음을 부정하는 것을 영웅적이라고 묘사할까요? 죽음은 왜 늘 무찔러야 할 적이나 모욕으로, 실패로 그려질까요? 저는 죽음을 삶의 반대라고 생각하고 싶지 않습니다. 오히려 탄생의 반대에 더 가깝지요.

증명할 순 없지만, 저는 늘 죽음 저편에 뭔가가 있다는 확신을 느껴 왔습니다. 때로는 뭔가 경이로운 모험이 저를 기다린다는 느낌마저 들지요.

내 눈을 통해 내다보는 자

하루는 주일 설교가 끝난 뒤 나이 지긋한 신도가 에크하르트에게 다가가 말했습니다. "마이스터 에크하르트, 당신은 분명히 하나님을 만났죠. 나도 당신처럼 하나님을 알 수 있게 도와주세요. 그런데 내 기억력이 흐려지고 있으니 아주 간결하게 알려줘야 합니다." "예, 아주 간단합니다." 마이스터 에크하르트가 대답했습니다. "제가 만난 식으로 하나님을 만나려면, 누가 당신의 눈을 통해 내다보는지 온전히 이해하면 됩니다."

토마스 산체스, 「네 개의 원소」

Week 18

깨달은 사람이
사는 방식

103

모든 생각의 알맹이

무엇이 윤리적으로 혹은 도덕적으로 더 옳은지 끝없이 논쟁할 수 있습니다. 철학자들은 이런 문제를 수천 년 동안 숙고했지요. 하지만 그 모든 생각의 알맹이는 생각보다 단순할지도 모릅니다. 즉, 우리에게는 양심이 있으며 우리가 했던 말과 행동을 기억한다는 것입니다.

「네가 세상에서 더 보고 싶은 것」

환한 얼굴로 인사해

지금까지 내가 진실하게 살 수 있도록 격려해 줘서 고마워. 내 안의 아름다운 측면을 발휘할 기회를 많이 준 것도 정말 고마워. 그런데 내가 바랐던 때보다 훨씬 일찍 마지막 숨을 거둘 날이 올 것 같아. 차분히 생각해 보니 용서받지 못할 일이나 깊이 후회할 일, 바로잡지 못할 일을 저지르진 않았어. 내 어깨를 짓누를 만큼 묵직한 업을 짓지는 않았어. 그래서 때가 오면, 이 필멸의 고리를 벗어던질 때가 오면, 그동안 바르게 살았음을 알기에 난 환한 얼굴로 죽음을 맞이할 수 있을 거야. 다음에 무슨 일이 닥칠지 두려워하지 않으면서 숨을 거둘 수 있을 거야.

「두려워하지 않아도 돼」

105

내 마음에 무엇이 머물게 할 것인가

용서는 자유를 얻는 비결일 수 있습니다. 이미 벌어진 일을 수용해야 하는 것은 단지 더 훌륭한 사람이 되기 위해서가 아닙니다. 수용의 태도가 우리의 마음에 어떤 감정이 머물게 할 것인지, 그리하여 우리의 정신을 어떻게 건강하고 온전하게 지킬 것인지를 결정합니다.

「몹시 거슬리는 한마디」

진실을 온몸으로 이해하면

우리가 삶을 당연하게 여기지 않을 때 무슨 일이 벌어질까요? 사랑하는 이들 곁에 영원히 머물 수 없음을 머리로 만이 아니라 온몸으로 이해할 때 무슨 일이 벌어질까요? 더는 이만하면 됐다고 믿으며 살아갈 수 없게 됩니다. 그날이 언제인지는 모르지만 우리는 우리에게 의미 있는 모든 사람과 반드시 이별할 것입니다. 그것만이 확실하며 그 외의 나머지는 다 추측이고 가능성입니다. 그 진실이 우리 존재의 일부가 되었을 때, 우리는 다른 사람들에게 그리고 삶 자체에 다가갈 유일한 방식이 존재한다는 것을 깨닫게 됩니다. 바로 다정하게, 다정하게 다가가야 한다는 것입니다.

「몹시 거슬리는 한마디」

107

열린 손바닥과 같이

숨을 거둘 날이 오면, 그날이 언제든 저더러 싸우라 하지 말아주세요. 오히려 제가 다 내려놓을 수 있도록 어떻게든 도와주길 바랍니다. 제 곁을 지키며 다 괜찮을 거라고 말해주세요. 우리가 감사해야 할 것들을 다 기억할 수 있게 도와주세요. 때가 됐을 때 제가 늘 원했던 끝이 어떤 것인지 기억할 수 있도록 당신의 열린 손바닥을 보여주세요.

「집으로 돌아가는 길」

세상을 살아가기에도 세상을 떠나기에도

죽음 뒤에 사라질 그 모든 것을 내려놓거나 적어도 살짝만 쥐고 살아가세요. 영원히 남을 것은 우리의 업이지요. 세상을 살아가기에도, 떠나기에도 좋은 업보만을 남기길 바랍니다.

「두려움도 망설임도 없이」

토마스 산체스 「분홍빛 오후의 자화상」

그림 **토마스 산체스**
Tomás Sánchez

1948년에 쿠바에서 태어났다. 산 알레한드로 조형예술학교에서 수학한 그는 1980년
호안 미로 상을 수상했으며 현재 남아메리카 최고의 화가 중 한 사람으로 꼽힌다.
정밀하고 이상화된 풍경화로 가장 잘 알려진 그는 종종 독일 낭만주의 풍경화의 거
장 카스파 다비드 프리드리히에 비견되지만 자연에 대한 극히 정교하고 생생한 묘
사는 그만의 고유한 화풍이다. 노벨문학상 수상자 가브리엘 가르시아 마르케스가
2003년 토마스 산체스의 작품 세계에 대한 해설서를 출간하기도 했다.
그는 자연과 동양 철학을 핵심적인 영감의 원천으로 지목한 바 있으며 수십 년간 명
상을 수행해 왔다. 순수하고 거대한 자연과 그 안에 공존하는 지극히 작은 인간의 모
습을 담는다. 그의 풍경화들은 특유의 정교함에도 불구하고 극사실주의적이라기보
다는 마술적 리얼리즘에 가깝다고 평가된다. 가브리엘 마르케스는 이렇게 말했다.
"아무도 토마스 산체스의 마법에서 도망칠 수 없다. 그의 작품은 알면 알수록 사랑
하게 되며, 이 세상이 산체스의 화폭을 닮아야 한다고 확신하게 된다."

표지

토마스 산체스, 「물가의 방랑자 Buscador de un lugar a la orilla」, 캔버스에 아크릴 물감,
122×100cm, 1995년 ⓒTomás Sánchez

본문

15쪽　　토마스 산체스, 「물가의 방랑자 Buscador de un lugar a la orilla」, 캔버스에 아크릴
　　　　물감, 122×100cm, 1995년 ⓒTomás Sánchez

36쪽　　토마스 산체스, 「바다 위의 구름 Nubes sobre el mar」, 종이에 템페라, 56.2×37.1cm,
　　　　2004년 ⓒTomás Sánchez

52쪽　　토마스 산체스, 「강을 따르는 마음 La Mente y el rio van」, 리넨에 아크릴 물감,
　　　　44×59.2cm, 2011년 ⓒTomás Sánchez

68쪽　　토마스 산체스, 「명상을 묵상하다 Contemplar al que medita」, 리넨에 아크릴 물감,
　　　　35×50cm, 2023년 ⓒTomás Sánchez

84쪽   토마스 산체스, 「백색의 명상 Contemplador del blanco」, 리넨에 아크릴 물감,
        121.9×152.4cm, 1999년 ©Tomás Sánchez

100쪽   토마스 산체스, 「흐르는 강 El Rio Va」, 리넨에 아크릴 물감, 121×99cm, 2020년
        ©Tomás Sánchez

116쪽   토마스 산체스, 「황금색 빛 속의 두 사람 Dos en luz dorada」, 리넨에 아크릴 물감,
        60×80cm, 2004년 ©Tomás Sánchez

132쪽   토마스 산체스, 「섬 위의 명상 대각선 Isla y meditador en diagonal」, 99×121ccm,
        2018년 ©Tomás Sánchez

148쪽   토마스 산체스, 「걷는 자와 명상하는 자 Caminante y meditador」, 캔버스에 아크릴
        물감, 35×35cm, 2007년 ©Tomás Sánchez

164쪽   토마스 산체스, 「분홍빛 오후의 명상 Contemplar al otro en tarde rosa」, 리넨에 아크릴
        물감, 61×51cm, 1995년 ©Tomás Sánchez

180쪽   토마스 산체스, 「해안의 하얀 빛 Orilla y luz blanca」, 리넨에 아크릴 물감,
        86×101.5cm, 1996년 ©Tomás Sánchez

196쪽   토마스 산체스, 「생각의 구름 Pensamiento-nube」, 리넨에 아크릴 물감, 75×55.5cm,
        2008년 ©Tomás Sánchez

212쪽   토마스 산체스, 「경배 Adoración」, 리넨에 유채, 200×250cm, 2021년 ©Tomás
        Sánchez

228쪽   토마스 산체스, 「마음의 동굴에서 Desde la cueva del corazón」, 리넨에 아크릴 물감,
        46×60.3cm, 2004년 ©Tomás Sánchez

244쪽   토마스 산체스, 「둥근 달을 명상하다 Contemplando redondez de luna」, 리넨에 아크릴
        물감, 지름 40.5cm, 1994년 ©Tomás Sánchez

260쪽   토마스 산체스, 「내면의 풍경 En el paisaje interior」, 리넨에 아크릴 물감,
        60.3×45cm, 2010년 ©Tomás Sánchez

276쪽   토마스 산체스, 「고립 Aislarse」, 리넨에 아크릴 물감, 100.3×75.5 cm, 2001년
        ©Tomás Sánchez

292쪽   토마스 산체스, 「네 개의 원소 Los cuatro elementos」, 리넨에 아크릴 물감,
        50.8×60.9cm, 2012년 ©Tomás Sánchez

308쪽   도마스 산체스, 「분홍빛 오후의 자화상 Autorretrato en tarde rosa」, 리넨에 아크릴
        물감, 101×76cm, 1994년 ©Tomás Sánchez

옮긴이 박미경

고려대학교 영문과를 졸업하고 건국대학교 교육대학원에서 교육학 석사 학위를 취득했다. 외국 항공사 승무원, 법률회사 비서, 영어 강사 등을 거쳐 현재 바른번역에서 전문 출판번역가이자 글밥아카데미 강사로 활동하고 있다.

옮긴 책으로『탁월한 인생을 만드는 법』,『인생의 마지막 순간에서』,『나를 바꾸는 인생의 마법』,『혼자인 내가 좋다』,『완벽한 날들』,『아서 씨는 진짜 사랑입니다』,『살인 기술자』,『포가튼 걸』,『프랙처드』,『언틸유아마인』,『프랑스 여자는 늙지 않는다』,『제인 오스틴에게 배우는 사랑과 우정과 인생』,『내가 행복해지는 거절의 힘』,『행복 탐닉』 등이 있다.

내가 틀릴 수도 있습니다
108일 내 안의 나침반을 발견하는 필사의 시간

초판 1쇄 인쇄 2024년 12월 9일
초판 1쇄 발행 2024년 12월 19일

지은이 비욘 나티코 린데블라드, 카롤린 방클러, 나비드 모디리
옮긴이 박미경
펴낸이 김선식

부사장 김은영
콘텐츠사업본부장 임보윤
기획편집 김한솔   **책임마케터** 양지환
콘텐츠사업3팀장 이승환   **콘텐츠사업3팀** 김한솔, 권예진, 이한나
마케팅본부장 권장규   **마케팅2팀** 이고은, 배한진, 지석배, 양지환
미디어홍보본부장 정명찬   **브랜드관리팀** 오수미, 김은지, 이소영, 박장미, 박주현, 서가을
뉴미디어팀 김민정, 고나연, 홍수경, 변승주
지식교양팀 이수인, 염아라, 석찬미, 김혜원, 이지연
편집관리팀 조세현, 김호주, 백설희   **저작권팀** 성민경, 이슬, 윤제희
재무관리팀 하미선, 임혜정, 이슬기, 김주영, 오지수
인사총무팀 강미숙, 이정환, 김혜진, 황종원
제작관리팀 이소현, 김소영, 김진경, 최완규, 이지우, 박예찬
물류관리팀 김형기, 주정훈, 김선진, 한유현, 전태연, 양문현, 이민운
외부스태프 디자인 studio forb

펴낸곳 다산북스   **출판등록** 2005년 12월 23일 제313-2005-00277호
주소 경기도 파주시 회동길 490   **전화** 02-704-1724   **팩스** 02-703-2219
이메일 dasanbooks@dasanbooks.com   **홈페이지** dasan.group   **블로그** blog.naver.com/dasan_books
종이 한솔피앤에스   **인쇄** 한영문화사   **코팅·후가공** 제이오엘앤피   **제본** 국일문화사

ISBN 979-11-306-6160-5 (03100)

다산북스(DASANBOOKS)는 독자 여러분의 책에 관한 아이디어와 원고 투고를 기쁜 마음으로 기다리고 있습니다. 책 출간을 원하는 아이디어가 있으신 분은 다산북스 홈페이지에 '원고투고'란으로 간단한 개요와 취지, 연락처 등을 보내주세요. 머뭇거리지 말고 문을 두드리세요.